I07

This book belongs to:

For my little Else.
A kiss from your giant - C.N.

First published in 2004 by Macmillan Children's Books, London
First dual language publication in 2004 by Mantra Lingua

mantra

5 Alexandra Grove, London N12 8NU
www.mantralingua.com

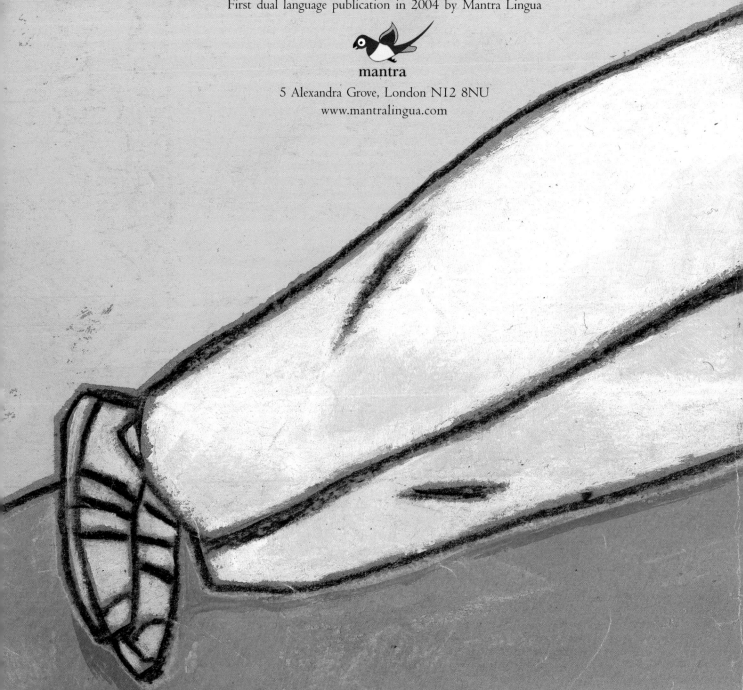

CARL NORAC

INGRID GODON

Aabbahay waa Cimilaaq
My Daddy is a Giant

Somali translation by Adam Jama

mantra

Aabbahay waa cimilaaq.
Marka aan rabo in uu laabta igu qabto,
waa in aan sallaan fuulo.

My daddy is a giant.
When I want to cuddle him,
I have to climb a ladder.

Marka aannu dhuumaalaysi
ciyaarayno,
aabbahay waa in uu ku
dhuuntaa buur dabadeed.

When we play hide-and-seek,
my daddy has to hide
behind a mountain.

Marka daruuruhu ay
daalaanna intay soo
degaan ayay aabbahay
garbihiisa ku dul seexdaan.

And when the clouds are tired,
they come and sleep
on my daddy's shoulders.

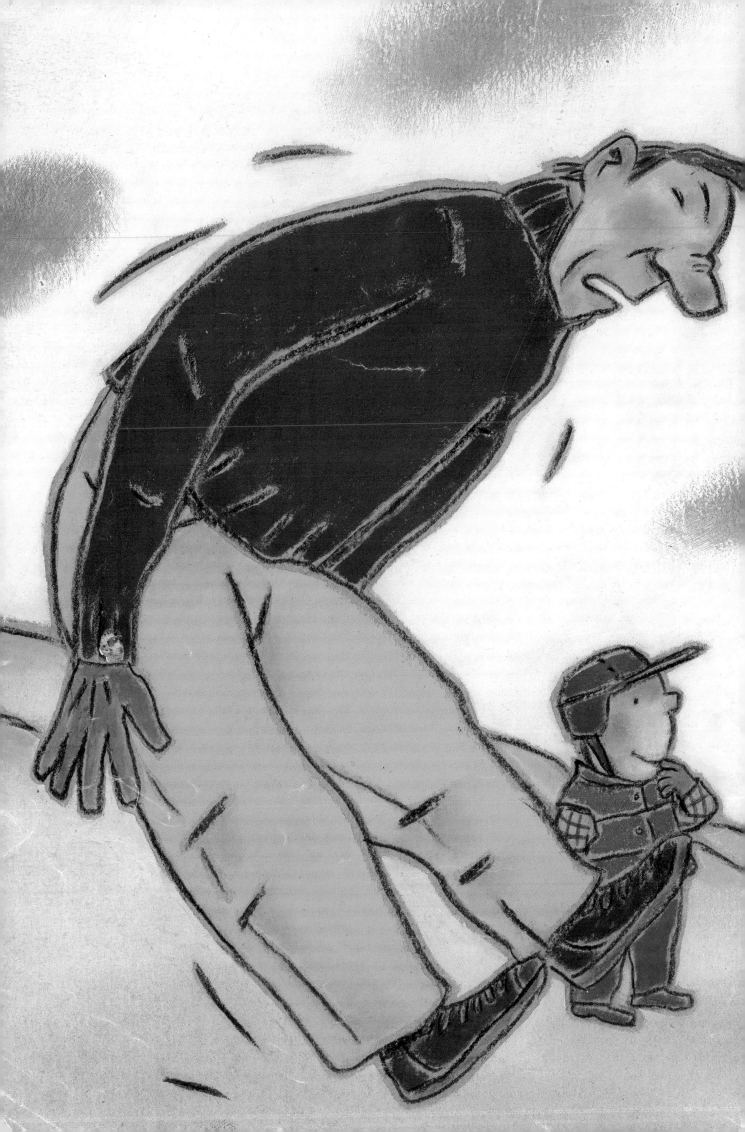

Marka aabbahay hindhisona,
waxaa la moodaa
duufaan oo kale.
Xitaa badda ayay afuuftaa.

When my daddy sneezes,
it's like a hurricane.
It blows the sea away.

Marka aabbahay qoslona,
waxaa la moodaa duufaan oo kale.
Dhirta oo dhanna caleenta
ayaa ka duusha.

When my daddy laughs,
it's like another hurricane.
All the leaves fly off the trees.

Shimbiraha oo dhan ayaa
jecel aabbahay.
Buulkooda waxay ku dul
samaystaan timaha aabbahay.

Birds love my daddy.
They make their nests
in his hair.

Markaannu kubbadda cagta
ciyaarrona, aabbahay baa
had iyo jeer badiya.
Kubbadda markuu sare u laado
wuxuu gaadhsiin karaa dayaxa.

When we play football,
my daddy always wins.

He can kick the ball as high as the moon.

Laakiin waxaan had iyo jeer ka
badiyaa fataatiirta.
Farahiisaa aad uga waawayn.

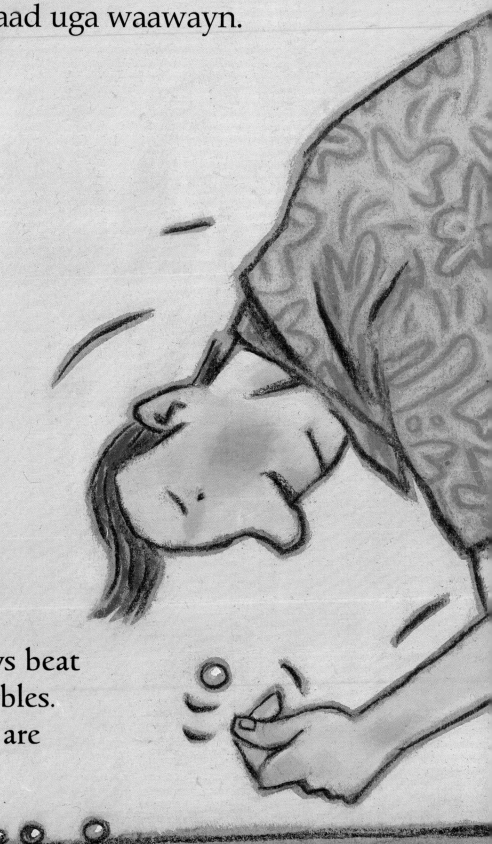

But I always beat
him at marbles.
His fingers are
far too big.

Waxaan jecelahay markuu aabbahay yidhaahdo,
"Waxa aad u dheeraanaysaa sidayda oo kale!"

I like it when my
daddy says,
"You're getting as
tall as me!"

Marka aabbahay ordo,
dhulka ayaa gariira,
sidii wax uu ka
baqaayo oo kale.

When my daddy runs,

the ground shakes

as if it was scared.

Laakiin cid aan ka baqdaa ma
jirto marka aan aabbahay
gacmihiisa ku jiro.

But I'm not scared
of anything when
I'm in my daddy's arms.

Aabbahay waa cimilaaq,
waxaanuu igu jecelyahay
wadnihiisa cimilaaqa
ah oo dhan.

My daddy is a giant,
and he loves me with
all his giant heart.